Varret M'pene

Voyage sur le territoire national congolais (Congo-Brazzaville)

Varret M'pene

Voyage sur le territoire national congolais (Congo-Brazzaville)

Éditions Muse

Imprint
Any brand names and product names mentioned in this book are subject to trademark, brand or patent protection and are trademarks or registered trademarks of their respective holders. The use of brand names, product names, common names, trade names, product descriptions etc. even without a particular marking in this work is in no way to be construed to mean that such names may be regarded as unrestricted in respect of trademark and brand protection legislation and could thus be used by anyone.

Cover image: www.ingimage.com

Publisher:
Éditions Muse
is a trademark of
Dodo Books Indian Ocean Ltd., member of the OmniScriptum S.R.L Publishing group
str. A.Russo 15, of. 61, Chisinau-2068, Republic of Moldova Europe
Printed at: see last page
ISBN: 978-620-3-86432-8

VOYAGE SUR LE TERRITOIRE NATIONAL CONGOLAIS
(CONGO-BRAZZAVILLE)

Dédicaces

Je dédie ce livre :

A ma défunte mère, **Claudine Andrée KOUERE** :

Tu as été très vite arrachée à mon affection, mais cela ne m'a pas empêché de suivre tes Conseils qui malgré les années tonnent toujours pareil.

En ce jour, ta présence me manque beaucoup. Quel que soit l'endroit où tu es, je suis sûr que tu es fière de la personne que je suis aujourd'hui.

Si tu pouvais m'entendre, saches que tu resteras à jamais, comme dans mes souvenirs, la meilleure maman du monde.

Repose en paix Maman.

***

A mon père, **Firmin MPENE** :

Tout ce que j'ai accompli et ce que je suis maintenant c'est bien grâce à toi.

Il n'y a pas de meilleur exemple que toi et tous les mots et paroles de ce monde n'exprimeraient jamais assez ma reconnaissance à ton égard ; je dis tout simplement merci pour tout.

***

A mes frères, **Verdey MPENE, Addy MPENE et Louze NDAMBA** :

Pour vos encouragements et votre soutien inconditionnel tout au long de mes études. Considérez ce travail comme le vôtre.

***

A mes sœurs et tous mes grands-parents disparus

Avant-propos

Ce livre relate l'histoire du Congo, depuis le royaume Congo jusqu'à nos jours. Le pays s'étend sur 1 500 km du nord au sud, 425 km d'est en ouest et sa Superficie totale 342 000 km. Le drapeau de la République du Congo, composé du vert, du jaune et du rouge, a été approuvé le 18 Août 1959 par une assemblée constituante. Il est adopté comme drapeau officiel le 15 Septembre 1959 et n'a pas changé après l'indépendance. La république du Congo a pris son indépendance le 15 Aout 1960. Le Congo depuis son indépendance a déjà connue dix (10) présidents y compris les présidents de quelques heures tel que, Abbé Fulbert YOULOU, Commandant David MOUTSAKA, Alphonse MASSAMBA DEBAT, Augustin POIGNET, Alfred Raoul, Marien NGOUABI, YHOMBI OPANGO, Denis SASSOU NGUESSO, Pascal LISSOUBA et Denis SASSOU NGUESSO. Le Congo pays d'Afrique central, limité par le Gabon à l'ouest, le Cameroun au nord-nord-ouest, la République centrafricaine au nord-nord-est, la République démocratique du Congo au nord-est, au sud-est et au sud, de laquelle il est séparé, en partie, par le fleuve Congo puis l'Oubangui et le Cabinda (Angola) au sud-ouest. La monnaie nationale de la république du Congo est celle de la zone CEMAC, le franc CFA, comme Unité-Travail-Progrès, l'hymne la Congolaise et comporte trois types de climat du nord au sud, le climat équatorial, le climat subéquatorial et le climat tropical humide. La république du Congo compte douze (12) départements du nord au sud dont, le département de la Likouala (Impfondo), Sangha (Ouesso), Cuvette Ouest (Ewo), Cuvette (Owando), Plateaux (Djambala), Pool (Kinkala), Brazzaville, Bouenza (Madingou), Lékoumou (Sibiti), Niari (Dolisie), Kouilou (Loango) et Pointe-Noire. Les communes urbaines du Congo, Brazzaville, Pointe-Noire, Dolisie, Nkayi, Ouesso, Mossendjo et Owando. Les langues les plus importantes du Congo appartiennent à la famille Bantoue : il s'agit Kituba (32,4 %), du téké et de ses nombreuses variétés (12,4 %) et du yombé (11,2 %), mais aucune de ces langues n'est majoritaire, sauf localement. Cependant, le pays compte deux langues véhiculaires : le Kituba, la « langue du chemin de fer », au sud et le lingala, la « langue du fleuve », au nord. Selon la constitution, ce sont aussi les deux langues nationales connues.

Outil de référence clair, théorique, il n'aura de la valeur que s'il est utilisé. Ce livre est susceptible d'être actualisé.

Sommaire

Pages

I. Présidents de la république du Congo depuis l'indépendance

1. Abbé Fulbert YOULOU

Né à Madibou en 1917, Fulbert YOULOU est proclamé président de la république en 1959. Il est élu démocratiquement en 1961. Il démissionne en Aout 1963 suite au soulèvement populaire. Le président YOULOU meurt en exil en Espagne, le 5 mai 1972 à Madrid.

2. Commandant David MOUNTSAKA

Assure alors la fonction de chef de l'état pendant 72 heures, après la démission du président Fulbert YOULOU. Il est décédé le 14 mars 2010 à Brazzaville, Congo.

3. Alphonse MASSAMBA-DEBAT

Né en 1921 à Nkolo, dans le district de Boko. C'est le deuxième président du Congo, il commence sa carrière politique à la tête de l'assemblé nationale. Il est président de la république de 1963-1968. Il démissionne de la présidence de la république en septembre 1968 et meurt le 25 mars 1977 à Brazzaville, Congo.

4. Augustin POIGNET

Il va assurer les fonctions de président de la république pendant 24 heures, en septembre 1968 et il est mort le 26 juin 2008 à paris, France.

5. Alfred Raoul

Jusqu'au moment où on va réunir les fonctions du président du CNR avec celles du chef d'état pour Marien NGOUABI, assura les fonctions de président de la république en 1968. Décède le 16 juillet 1999 à paris, France.

6. Marien NGOUABI

Né en 1938 à Ombelé, district de fort-Rousset (Owando), il est président de la république en 1968 et fonde le Parti Congolais du Travail (P.C.T) en 1969. Il meurt, assassiné le 18 mars 1977.

7. Jacques Joachim YHOMBI OPANGO

Né en 1939 à Fort-Rousset (Owando), il devient le septième président du Congo en 1977 à la suite de l'assassinat du président Marien NGOUABI. Il quitte la présidence de la république le 05 Février 1979. Il meurt le 30 mars 2020 à Neuilly-sur-Marne (France).

8. Denis SASSOU NGUESSO

Né à Edou, district d'Oyo en 1943, il devient le huitième président du Congo le 05 février 1979. Il quitte la présidence de la république à la suite des élections multipartites en 1992.

9. Pascal LISSOUBA

Né en novembre 1931 à Tsinguidi, district de Mayoko, il est élu démocratiquement au lendemain de la conférence nationale souveraine. C'est sous son mandat qu'ont les guerres civiles de 1993-1997, il est le neuvième président et il meurt le 24 Aout 2020 à Perpignan (France).

10. Denis SASSOU NGUESSO

Il revient aux affaires en 1997 avec la victoire des Forces Démocratiques et Patriotiques (FDU). Il sera démocratiquement élu le 20 mars 2002.

Abbé Fulbert YOULOU

Commandant David MOUNTSAKA

Alphonse MASSAMBA DEBAT

Augustin POIGNET

Alfred RAOUL

Marien NGOUABI

YHOMBI OPANGO

Denis SASSOU NGUESSO

Pascal LISSOUBA

Denis SASSOU NGUESSO

II. Les formalités de voyage

Un passeport en cours de validité est exigé pour les ressortissants des pays membres de la Communauté Economique et Monétaire de l'Afrique Centrale (CEMAC). Pour les autres, un visa d'entrée au Congo est obligatoire. Le visa est à demander auprès de la représentation diplomatique ou consulaire du Congo dans votre pays. Il faudra également avoir sur vous, un carnet de vaccination à jour.

1. La devise et le change

La monnaie est le Franc CFA (Franc de la Coopération Financière d'Afrique). C'est aussi la devise de la zone CEMAC comprenant le Congo, le Cameroun, le Gabon, le Tchad, la Guinée Équatoriale et la République Centrafricaine.

1 € = 655,957 FCFA

En pièces : 5 FCFA, 10 FCFA, 25 FCFA, 50 FCFA, 100 FCFA, 500 FCFA

En billets : 500 FCFA, 1.000 FCFA, 2.000 FCFA, 5.000 FCFA, 10.000 FCFA

2. Les horaires

Le Congo est en avance d'une (1) heure sur le Temps Universel (TU) ou l'heure GMT (Greenwitch Mean Time). L'heure officielle du pays est donc GMT+1 sur toute l'étendue du territoire.

3. Climat

Le climat de la république du Congo est essentiellement chaud et humide, du fait de la localisation du pays dans la zone intertropicale. Le relief favorise la circulation des différentes masses d'air abordant le territoire.

3.1. Climat équatorial

Le climat équatorial chaud et humide concerne le nord du pays : département de la Likouala, de la Sangha, nord de la cuvette ouest et de la cuvette. La température moyenne est de 26°C avec des précipitations abondantes toute l'année, de 1800 mm à 2000 mm par an. La saison sèche est absente, l'amplitude thermique est de 2°C.

3.2. **Climat subéquatorial**

Le climat subéquatorial concerne le centre du pays : partie sud des deux départements de la cuvette, plateaux, nord du pool et de Brazzaville. Il se caractérise par des températures moyennes de 25°C avec des précipitations de 1600 mm à 1800 mm par an. Il existe une saison sèche et une saison des pluies, l'amplitude thermique est de 1°C.

La ville de Lékana (département des plateaux) bénéficie d'un microclimat de type équatorial avec une température moyenne de 25°C et des précipitations de 2000 mm par an.

3.3. **Climat tropical humide**

Le climat tropical concerne le sud du pays, de la côte atlantique à Brazzaville. La température moyenne est de 25°C avec des précipitations de 1200 mm à 1600 mm par an. Il existe deux saisons, L'amplitude thermique est de 5°C.

III. Pays limitrophes du Congo et Superficies

1. Pays limitrophes

Le Congo, en forme longue la république du Congo, aussi appelé de manière informelle Congo-Brazzaville, est un pays d'Afrique centrale, situé de part et d'autre de l'équateur. Ses voisins sont :

- Le Gabon à l'ouest ;
- Le Cameroun au nord-nord-ouest ;
- La République centrafricaine au nord-nord-est ;
- La République démocratique du Congo au nord-est, au sud-est et au sud, de laquelle il est séparé, en partie, par le fleuve Congo puis l'Oubangui ;
- Le Cabinda (Angola) au sud-ouest.

2. Superficies

Le pays s'étend sur 1 500 km du nord au sud, 425 km d'est en ouest et sa Superficie totale 342 000 km

IV. Symboles de la république du Congo

1. Le drapeau de la République du Congo

Le drapeau de la République du Congo, composé du vert, du jaune et du rouge, a été approuvé le 18 Août 1959 par une assemblée constituante. Il est adopté comme drapeau officiel le 15 Septembre 1959 et n'a pas changé après l'indépendance.

Cependant, en 1970 jusqu'au début des années 1990, un drapeau rouge a été utilisé en raison de l'orientation socialiste du pays. Après la transition vers un système politique multipartite et l'économie de marché au début des années 1990, le régime nouvellement installé est revenu le 10 juin 1991 au drapeau des premières heures.

Le drapeau congolais actuel est divisé en diagonale et composé de 3 bandes : vert, jaune et rouge. Chaque couleur symbolise un aspect géographique ou historique de la République du Congo. La bande verte représente l'agriculture et les riches forêts du Congo tandis que la bande jaune symbolise l'amitié et la noblesse du peuple, La couleur rouge est associée au sang versé lors de la lutte de l'indépendance.

Le drapeau du Congo a une longueur de 1,80m et une largeur de 1,20m. La bande jaune qui sépare les couleurs verte et rouge est de 0,60m. Le drapeau Congolais flotte sur tous les bâtiments administratifs. A l'étranger, il flotte à la façade de toutes les ambassades du Congo. Lorsqu'on hisse le drapeau, chaque personne présente, doit se décoiffer, se tenir droite et immobile, les bras le long du corps en restant

Le drapeau de la République du Congo

2. **L'Hymne Nationale de la République du Congo**

L'hymne national de la République du Congo est ''La Congolaise''. Il a été adopté en 1959. Les paroles de l'hymne ont été composées par Jacques Tondras et Georges Kibanghi, la musique étant de Jean Roger et Joseph Spadiliere.

La Congolaise

En ce jour le soleil se lève

Et notre Congo resplendit.

Une longue. Nuit s'achève,

Un grand bonheur a surgi.

Chantons tous avec ivresse

Le chant de la liberté.

CHORUS : Congolais, debout fièrement partout,

Proclamons l'union de notre nation,

Oublions ce qui nous divise,

Soyons plus unis que jamais,

Vivons pour notre devise :

Unité, travail, progrès!

Des forêts jusqu'à la savanne,

Des savannes jusqu'à la mer,

Un seul peuple, une seule âme,

Luttons tous, tant que nous sommes,

Pour notre vieux pays noir. **(Chorus)**

Et s'il nous faut mourir, en somme

Qu'importe puisque nos enfants,

Partout, pourront dire comme

On triomphe en combattant,

Et dans le moindre village

Chantent sous nos trois couleurs. **(Chorus)**

3. **Devise**

La devise du Congo est : Unité – Travail – Progrès

Unité : Ce mot relève que le Congo est indivisible. De l'est à l'ouest, du nord au sud, tous les Congolais appartiennent à une seule nation. Tous les Congolais doivent s'aimer et de travailler la main dans la main. L'unité demande l'amour, la compréhension mutuelle et la fraternité.

Travail : Le travail libère l'homme et par voie de conséquence le pays. Un pays ne peut élaborer son développement social, économique et acquérir son indépendance véritable que grâce au travail. C'est par le travail que les citoyens congolais peuvent mettre en valeur le Congo. Le travail demande de la volonté, des efforts et des sacrifices.

Progrès : Le progrès est l'expression finale de l'unité et du travail. Le progrès peut se manifester sur le plan matériel, intellectuel et moral. Le progrès matériel se manifeste par une meilleure répartition des richesses. Le progrès intellectuel se réalise au niveau scientifique et technique et le progrès moral au niveau des comportements et des attitudes.

4. **Les armoiries**

Les armoiries de la République du Congo sont fixées comme suit : d'un champ d'or, coupé par une vague de sinople. Au centre du blason, on voit un lion portant une torche (symbole de protection). L'écu est supporté par deux éléphants de sable, défendus d'or, mouvant des flancs de l'écu et soutenus par un tronc d'arbre de gueules. Dans le cercle d'or de couronne forestière est écrit : ''République du Congo'' en lettres de gueules sur listel d'or. Devise : ''Unité-Travail-Progrès'' en lettre de gueules sur listel d'or.

Armoiries

V. Organisation administrative

La République du Congo est composée de douce (12) départements et de sept (7) communes urbaines. Le territoire national est subdivisé en départements, communes, arrondissements, districts, communautés urbaines, communautés rurales, quartiers et villages.

Les départements, du Nord au Sud, avec leurs chefs-lieux

- ❖ Likouala (Impfondo) ;
- ❖ Sangha (Ouesso) ;
- ❖ Cuvette Ouest (Ewo) ;
- ❖ Cuvette (Owando) ;
- ❖ Plateaux (Djambala) ;
- ❖ Pool (Kinkala) ;
- ❖ Brazzaville ;
- ❖ Bouenza (Madingou) ;
- ❖ Lékoumou (Sibiti) ;
- ❖ Niari (Dolisie) ;
- ❖ Kouilou (Loango) ;
- ❖ Pointe-Noire.

Les communes urbaines :

- Brazzaville ;
- Pointe-Noire ;
- Dolisie ;
- Nkayi ;
- Ouesso ;
- Mossendjo ;
- Owando.

1. BRAZZAVILLE

La tour Nabemba Superficie : 100 Km2

Population : 1.375.237 habitants

Arrondissements : Makélékélé, Bacongo, Poto-Poto, Moungali, Ouenzé, Talangaï, Mfilou, Madibou, Djiri. Brazzaville a toujours joué un rôle historique de premier plan.

1.1.Arrondissement 1 : Makélékélé

L'arrondissement 1 Makélékélé est limité au nord par les arrondissements 4 Moungali et 7 Mfilou, au sud par le fleuve Congo, à l'est par l'arrondissement 2 Bacongo et à l'ouest par l'arrondissement 8 Madibou. Il a une population de 74815 habitants avec une superficie de 15,53 Km².

1.1.1. Historique

L'arrondissement 1 Makélékélé a été créé par décret présidentiel N°59/240 du 1er Décembre 1959. Le premier Maire fut nommé le 29 juillet 1960, le nommé fut Simon MBOUKOU. Makélékélé tire son nom du bruit sonore produit par la chute des gouttes d'eaux sortant de la source avant de se transformer en petit ruisseau appelé Zanga dia ba ngombé. Les populations qui venaient près de cette source trouvèrent

Ainsi la syllabe « Ma » utilisé en langue vernaculaire, marque le pluriel y fut agencé comme pour dire les gouttes d'eaux produisant le son « kélékélé ».

1.1.2. **Situation Administrative**

Au plan administratif, l'arrondissement 1 Makélékélé est subdivisé en 11 quartiers, 79 zones et 420 blocs répartis comme suit :

Numéro de quartier	***Quartier***
Quartier 1	Centre Sportif
Quartier 2	Mayoma
Quartier 3	Météo
Quartier 4	Moukoudzi Ngouaka
Quartier 5	Ngangouoni
Quartier 6	Diata
Quartier 7	Kingouari
Quartier 8	Kinsoundi
Quartier 9	Niania Sita dia tsiolo
Quartier 10	Mamba
Quartier 11	Ngoma

1.2.Arrondissement 2 : Bacongo

L'arrondissement 2 Bacongo a une superficie de 7,39km2 pour une population de 80000 habitants. Il est limité au nord par l'arrondissement 3 Poto Poto, au sud et à l'est par le fleuve Congo et à l'ouest par l'arrondissement 1 Makélékélé.

1.2.1. Historique

L'arrondissement 2 Bacongo a été créé par arrêté n°2624 du 31 Décembre 1943, par le gouverneur général de l'Afrique Equatoriale Française (A.E.F) Félix EBOUE. Il est appelé à cette époque Commune Indigène de Bacongo (CIB) constituée de 3 petits villages à savoir le village Bakongo (Dahomey) vers la case de Gaulle, le village Liberté vers Mbama Mpissa et le village Loango à Moukoundzi – Ngouaka.

1.2.2. Situation Administrative

Au plan administratif, l'arrondissement 2 Bacongo est subdivisé en 9 quartiers, 63 zones et 475 blocs répartis comme suit :

Numéro de quartier	*Quartier*	*Nombre de zones*	*Nombre de blocs*
Quartier 21	La glacière	3 zones	36 blocs
Quartier 22	Dahomey	8 zones	50 blocs
Quartier 23	Mbama	9 zones	54 blocs
Quartier 24	Nimbi	14 zones	69 blocs
Quartier 25	Nkéoua Joseph	14 zones	69 blocs
Quartier 26	Cinq chemins	2 zones	14 blocs
Quartier 27	Tahiti	4 zones	29 blocs
Quartier 28	Saint Pierre Claver	6 zones	32 blocs
Quartier 29	Mpissa	10 zones	92 blocs

1.3.Arrondissement 3 : Poto-Poto

L'arrondissement 3 Poto-Poto s'étend au nord du centre-ville pour être limité au nord-ouest par l'arrondissement 4 Moungali, tandis que l'arrondissement 5 Ouenzé est frontalier Poto-poto au nord. Si au sud-ouest, Poto-poto est mitoyen à Bacongo, en revanche au sud et à l'est, l'arrondissement 3 Poto-poto est arrosé par les eaux du majestueux fleuve Congo. Il a une population de 101.000 habitants avec une superficie de 900 ha.

1.3.1. **Historique**

Poto-poto est un village de création administrative coloniale née du regroupement des campements des travailleurs africains et des hameaux de la plaine. Dans son évolution, il a été alimenté par l'exode rural des populations riveraines du fleuve Congo, le deuxième plus grand fleuve du monde après l'Amazonie par son débit, du haut Congo, de l'Oubangui Chari, du Congo Belge que les bateaux de l'administration coloniale, des missionnaires embarquaient en masse pour Brazzaville. Cette diversité a donné à Poto-poto ces deux grands traits d'affluence démographique. Les appellations des rues les plus anciennes de la cité évoquent la composition ethnique très variée et très cosmopolite de ses premiers habitants à l'image de sa population d'environ actuelle. Mongo, Dahomey, Yaoundé, Bangalas, Haoussas, Kassaï, Banziris, Bakongo, etc… Ressortissant du haut Congo, Bas Congo, de l'Afrique

Centrale et de l'Afrique Occidentale. La commune de Poto-poto fut créée en 1911 pour être Commune indigène par arrêté n°2623 du 31 décembre 1943 du gouverneur général de l'AEF, officier de la légion d'honneur Félix EBOUE.

1.4.Arrondissement 4 : Moungali

L'arrondissement 4 Moungali couvre une superficie de 14,28 km^2 pour 124.190 habitants. Il est limité par les quatre arrondissements suivants : Poto – Poto, Ouenzé, Mfilou et Makélékélé et est baigné par trois ruisseaux: Madoukoutsékélé, la Mfoa et la Mfilou.
Moungali compte trois grands marchés non moins modernisés: (marché Moukondo, Marché Plateau des 15ans, Marché 10 Francs). Il abrite l'aéroport civil et militaire, l'école de peinture dite de poto-poto et la maison des anciens combattants.

1.4.1. Historique

L'arrondissement Moungali a été créé en janvier 1957.

1.4.2. Situation Administrative

Au plan administratif, l'arrondissement 4 Moungali est subdivisé en 9 quartiers, 75 zones et 587 blocs répartis comme suit :

Numéro de quartier	***Quartier***
Quartier 41	Ecole de Peinture de Poto-Poto
Quartier 42	Anciens Combattants
Quartier 43	Plateau des 15 ans
Quartier 44	Dix Maisons
Quartier 45	CEG de la Paix
Quartier 46	Marché 10 F
Quartier 47	CEG Matsoua
Quartier 48	Moukondo
Quartier 49	La Poudrière

1.5.Arrondissement 5 : Ouenzé

L'Arrondissement 5 Ouenzé est limité par l'avenue Bouéta Mbongo qui le sépare depuis les alentours de la Tsiémé et la rivière Madoukoutsékélé jusqu'à la Pointe Hollandaise. Après la rivière Mikalou, l'avenue du 5 Février marque ses limites avec l'Arrondissement 7 Mfilou, tandis que l'avenue de la Tsiémé ainsi que l'avenue de l'intendance constituent ses frontières avec l'arrondissement 6 Talangaï du pont de Mikalou jusqu'au prolongement de l'avenue du Port (l'actuelle avenue Edith Lucie BONGO ONDIMBA) pour aboutir à la Pointe Hollandaise en passant par la SIAT qui fait partie de Poto-poto.

Le dernier Recensement Administratif Spécial de 2012 a évalué la population de Ouenzé à 162.608 habitants.

Au plan sanitaire, l'Arrondissement 5 Ouenzé compte un Centre de Santé Intégré : CSI Jane Vial, un Centre de Dépistage Ex Adventiste placé sous la Clinique Albert LEYONO qui, elle-même est l'unique grande structure de référence sanitaire.

Au plan de l'enseignement du secteur public, Ouenzé compte trois (3) Lycées dont un (1) d'enseignement général, le Lycée de la Révolution, et deux (2) d'enseignement technique, les Lycées Industriel et Commercial 5 Février 1979, quatre (4) Collèges d'enseignement général, deux Collèges d'enseignement technique et huit (8) Ecoles primaires.

Ouenzé dispose d'un Commissariat de Police d'Arrondissement, de deux Commissariats de Police de Quartier et d'une Brigade de Gendarmerie.

Il faut également souligner que cet Arrondissement compte deux marchés domaniaux ; le marché de Ouenzé (Mampassi) et le marché Sukissa (Moukondo).

1.5.1. **Historique**

Vers 1930, Ouenzé n'était qu'une immense savane qui s'étendait de la rive gauche de la rivière Madoukoutsékélé jusqu'à la rive droite de la rivière Tsiémé. Il n'y avait que quatre (4) petits villages habités par les Batékés originaires de la contrée. Il s'agit de : Mouléké, Ntsalinguelé, Loulengo (ou Moulembo) et Mbemba.

En ce temps-là, Brazzaville ne comptait que trois (3) agglomérations: Makélékélé, Poto-poto et Bacongo.

Ouenzé est créé par décret n°59/118 du 02 juillet 1959 qui a fixé en son temps, les centres d'état civil de droit commun. L'agglomération de Ouenzé était selon ledit décret une partie de l'ancienne agglomération Moungali-Ouenzé. C'est à compter du 03 novembre 1959 que le centre d'Etat Civil de Ouenzé est ouvert au public conformément à l'arrêté municipal n°167/M du 23 octobre 1959.

Les origines du nom « Ouenzé » ne sont pas précises. Le décret susmentionné l'attribue à la rivière de même nom qui traverse ladite agglomération du nord au sud. Cependant cette rivière est appelée aussi Madoukoutsékélé.

Une autre version plus plausible révèle que cette agglomération abritait un marché des indigènes dont les marchands provenaient notamment de la République Démocratique du Congo et y avaient érigé des baraques couvertes de tôles de couleur rousse. Un qualificatif a donc été donné à ce marché « Ouenzé –mandzandza », Ouenzé qui veut dire marché en Swahili et Mandzandza qui veut dire tôles en lingala. Cette version semble effectivement plus crédible, car il existe à ce jour et au même endroit, un quartier au nom de Ouenzé-Mandzandza, bien que les vieilles maisons en tôles de couleur rousse avaient été remplacées par des habitations plus modernes.

Situation Administrative

L'arrondissement Ouenzé compte dix (10) quartiers, 41 Zones et 554 Blocs répartis comme suit:

Numéro de quartier	***Quartier***	***Nombre de zones***	***Nombre blocs***
Quartier 51	Mandzandza	3	24
Quartier 52	Massamba Raphaël	5	52
Quartier 53	Mandzandza-Zando	4	64
Quartier 54	Peyre Pierre	4	51
Quartier 55	Mpiere-Mpiere	4	76
Quartier 56	Bouemba	5	72
Quartier 57	Mouleke	4	101
Quartier 58	Moukondo	4	48
Quartier 58 bis	Kimbangou-Mikalou	3	29
Quartier 59	Mpila Cent Fils	5	37

1.6.Arrondissement 6 : Talangaï

L'arrondissement 6 Talangaï est limité au Nord par l'arrondissement 9 Djiri, au Sud l'arrondissement 5 Ouenzé, à I'Est par le fleuve Congo et à l'Ouest par le pont de la rivière Mikalou. il a une population de 500.000 habitants.

1.6.1. **Historique**

Au départ, la zone était composée de deux petits villages : Madjiri et Intsiba. Madjiri était situé dans la zone où se trouve actuellement la commune de Talangaï et Intsiba dans la zone où se trouve l'hôpital de Talangaï. Déjà au temps de l'Afrique Equatoriale Française (AEF), deux colons de nationalité française, M. M. Fournier et Monpays s'étaient installés respectivement sur le site de l'actuel hôpital de Talangaï et celui de l'Armée du Salut, situés entre les rues Bouanga et Mbé en allant vers la rivière Tsiémé.

En 1964, quand M. Moïse TSOMBE, alors Premier Ministre de la République Démocratique du Congo (RDC) décida de chasser les ressortissants Congolais de Brazzaville, de la capitale Léopoldville, ces derniers vinrent s'installer sur ce site, que leur accorda Monsieur Joseph NGOBALI, propriétaire terrien.

Le domaine de Joseph NGOBALI s'étendait de l'avenue de l'intendance à la rivière Mikarou communément appelé Mikalou par

CIESPAC), jusqu'à la rivière Ngakwi qui a donné le nom du quartier Ngamakosso.

Après avoir installé ses compatriotes expulsés de la RDC, Ngobali procédera alors au lotissement de ses domaines d'où fût créés deux quartiers. Le premier quartier s'étendait de l'actuel quartier 62 (Dragage), en passant par Ibeli Ndzo (les pattes d'éléphant) actuellement appelé quartier Kanga Mbandzi, zone située en face de l'hôpital de Talangaï jusqu'à l'actuel quartier NGOBALI dont il était lui-même le premier chef de quartier. Son siège était situé à la rue Mayombe, sur l'ancienne avenue de l'OFNACOM.

Le deuxième quartier, lui s'étendait de l'avenue de l'intendance jusqu'à la rivière Tsiémé, un peu plus haut vers la rivière Mikarou, dirigé par son frère cadet Jean ALIE.

Les congolais rapatriés pour la plupart de la tribu Kongo pratiquaient l'agriculture. C'est ainsi qu'il leur fût accordé l'actuelle zone maraîchère de Kronenbourg. Aussitôt une coopérative vit le jour dont Ngobali fut nommé Président.

L'histoire nous enseigne que le nom « Talangaï » a été donné par les congolais venus de Léopoldville. Ce nom correspondait au nom d'un quartier de là-bas.

Avant de devenir un centre d'état civil de droit commun en 1970, cette agglomération était rattachée au district de Ngamaba.

Le premier citoyen à administrer Talangaï en tant que centre d'Etat civil de droit commun, fut Gilbert OPANDET.

1.6.2. **Situation Administrative**

Au plan administratif, l'arrondissement 6 Talangaï est subdivisé en 8 quartiers comme suit :

Numéro de quartier	***Quartier***
Quartier 61	Mpila
Quartier 62	Intendance
Quartier 63	Texaco Tsiémé
Quartier 64	Fleuve Congo
Quartier 65	Joseph GOBALI
Quartier 66	Champ de Tir
Quartier 67	Gaston LENDA
Quartier 68	Maman MBOUALE

1.7. Arrondissement 7 : Mfilou

Né des cendres de l'ancien district de Ngamaba, l'arrondissement 7 Mfilou fut créé par la volonté politique le 30 octobre 1984. Cette création fut confirmée par la loi 018/90 du 8 octobre 1990 érigeant le district de Ngamaba en arrondissement. Le premier citoyen administrateur de cet arrondissement fut Monsieur Pascal NGOUANOU. L'arrondissement couvre une superficie de 3875 hectares répartis dans 16 quartiers, 88 zones et 250 blocs.

L'arrondissement Mfilou est limité au nord par l'arrondissement Talangaï, au sud par l'arrondissement Makélékélé et la rivière Djoué, à l'Est par l'arrondissement Moungali et à l'ouest par le district de Goma Tsétsé.

1.8.Arrondissement 8 : Madibou

L'Arrondissement 8 Madibou, qui abrite la dépouille mortelle du premier Président du Congo est l'un des derniers nés à Brazzaville avec Djiri. Il s'étend sur une superficie de 80,45 km2. Il est limité au nord par le District de Goma Tsé-tsé, au sud par l'Arrondissement 1 Makélékélé, à l'ouest par le Djoué et à l'est par le fleuve Congo. La population de Madibou est de 100.000 habitants (source: Ministère de la santé).

1.8.1. **Historique**

L'Arrondissement 8 Madibou a été créé par la loi N° 9-2011 du 17 mai 2011. Le premier Maire fut Monsieur Frédéric Jean Jacques Nicolas MALONGA, avec comme Secrétaire Général Monsieur Janos Dieudonné BAÏTOUKOU.

1.9. Arrondissement 9 : Djiri

L'arrondissement 9 Djiri est l'un des derniers nés à Brazzaville avec une superficie de 83,46 Km².

1.9.1. Historique

L'arrondissement 9 Djiri a été créé par la loi N°9-2011 du 17 Mai 2011.

1.9.2. Situation Administrative

Au plan administratif, l'arrondissement 9 Djiri est subdivisé en 7 quartiers répartis comme suit :

Numéro de quartier	***Quartier***
Quartier 901	Mikalou Madzouna
Quartier 902	Jacques Opangault
Quartier 903	Matari
Quartier 904	Nkombo
Quartier 905	Itatolo
Quartier 906	Impoh Manianga
Quartier 907	Makabandilou

En 1904, elle est la capitale du Congo français ou Moyen Congo qui regroupait le Congo et le Gabon. Elle devient en 1910 la capitale de l'Afrique Equatoriale Française puis en 1940 celle de la France Libre. En 1944, Le Général De Gaulle au cours de la Conférence de Brazzaville y dresse les prémisses de l'émancipation africaine. Lors de son discours de 1958, le Général De Gaulle marque concrètement à travers la communauté française, le coup d'envoi de la décolonisation du continent. En 1988 les accords de Brazzaville mettent un terme à l'apartheid en Namibie en lui permettant d'accéder à l'Indépendance et contribuent à ébranler la ségrégation raciale en Afrique du Sud. « BRAZZA LA VERTE » est divisé en 9 arrondissements et s'étend sur 14 km en bordure du département du Pool au bord du fleuve Congo. C'est en 1980 que Brazzaville a été séparée de la région du Pool pour obtenir un statut équivalent. La ville s'inscrit comme un véritable carrefour régional de communications. La célèbre ligne ferroviaire, qui relie le port fluvial de Brazzaville au port maritime de Pointe-Noire, prend tout juste le relais là où le fleuve cesse d'être navigable. Elle désenclave en cela le nord du pays, le sud du Cameroun ainsi que la République Centrafricaine en leur offrant une ouverture sur l'Atlantique. Rappelant également les liens étroits avec Kinshasa (RDC) qui lui fait face de l'autre côté du fleuve Congo. Il s'agit tout simplement des deux capitales les plus proches au monde. Brazzaville recèle de nombreux atouts et curiosités touristiques (la Basilique Saint Anne, le monument Felix Eboué, le Cité de Cataractes du Djoué, le

Mausolé Pierre Savorgnan, la corniche de Bacongo...), les Structures hospitaliers (hôpital de référence Talangaï, hôpital Albert LEYONO, Centre Hospitalier et Universitaire de Brazzaville, Blanche Gomes, hôpital de base de Makélékélé, hôpital Sino-Congolaise de Mfilou, hôpital de Base de MPISSA, Laboratoire National de Santé Publique, Centre National de Transfusion Sanguine).

2. POINTE-NOIRE

La gare centrale PNR Superficie : 59,70 Km2

Population : 1,1 million habitants dans l'agglomération

Arrondissements : Lumumba ; Mvoumvou ; Tie-Tie ; Loandjili ; Momgo-Poukou ; Ngoyo.

Ancienne capitale administrative du Moyen Congo au début du 20éme siècle, Pointe-Noire, traduction littérale de Punda Negra, doit son nom aux navigateurs portugais qui en avaient fait un repère maritime naturel. Depuis le début des années 1980, Pointe-Noire n'a cessé de croître et d'attirer de nouveaux habitants, du fait surtout de l'activité pétrolière[2] de Total (ancien Elf Congo), d'ENI (anciennement AGIP - Azienda generale italiana petroli) et d'autres groupes pétroliers mais aussi parce que la ville a été globalement épargnée par les affrontements[3] consécutifs à la guerre civile du Congo-Brazzaville qui secoue le pays dans les années 1990.

Elle est aujourd'hui la capitale économique du Congo. Tout comme Brazzaville, elle est avec ses habitants, à la fois une commune et un département. La ville, lovée dans le Kouilou compte six arrondissements. Son littoral en fait un haut lieu balnéaire et nautique du pays. Une atmosphère et un charme villégiature très éloignés de l'idée qu'on peut se faire d'un port pétrolier. A ceux qui préfèrent le excursions dans le Kouilou : le lac aux papyrus, les gorges de Diosso, le Mayombe ou parc national Conkouati-Douli. En son sein, la ville conserve quelques curiosités, comme sa gare, réplique de celle de Deauville en France, la Cathédrale Notre Dame de l'Assomption ou tout simplement ses chatoyants marchés.

2.1.Climat

Pointe-Noire bénéficie d'un climat tropical de savane, assez doux le jour (de 21,4° de température moyenne en juillet à 26,8° en mars) et d'une température encore plus douce le soir (environ 22° à 26°). L'année climatique est marquée par deux saisons sèches, l'une courte de janvier à mars et l'autre longue de juin à octobre, entrecoupées par deux saisons des pluies de deux mois chacune environ.

2.2.Topographie

La ville est située dans le prolongement d'une étroite plaine littorale en contre-bas d'un plateau qui prolonge le Mayombe, massif montagneux de faible altitude, lequel sépare Pointe-Noire de la capitale Brazzaville située 510 kilomètres à l'est. Ce relief explique non seulement la difficulté de communication entre le littoral et la cuvette congolaise (d'où le nom du département), mais également la nécessité de la ligne de chemin-de-fer pour exporter depuis Pointe-Noire les ressources de l'hinterland.

À une échelle plus fine, le site de Pointe-Noire est entrecoupé de collines et de vallons marécageux. Les dunes littorales et les marnes sableuses rappellent les caractéristiques de côte à lido qui ont donné naissance à la dépression où s'est implantée Pointe-Noire.

Cette sédimentation continue, caractéristique des cordons littoraux, est aujourd'hui menacée par la construction du port en eau profonde qui a entrainé un net recul du trait de côte de l'ordre de deux à trois mètres par an. Ce phénomène menace désormais le cimetière de Laongo, le Père-Lachaise congolais, qui abrite notamment la sépulture de Jean-Félix Tchikaya, député du Gabon et du Congo à l'Assemblée Nationale française de 1945 à 1959.

2.3.**Histoire**

Principaux évènements de la fondation à nos jours

Cap de Pointe-Noire (1924), le village de pêcheurs; la roche fétiche et le wharf provisoire en arrière-plan

La ville voisine de Loango, capitale du royaume du même nom, a été la première porte d'entrée des colons au Moyen-Congo, colonie créée à la suite des explorations de Pierre Savorgnan de Brazza mais la ville a rapidement été supplantée par Pointe-Noire, une fondation européenne de 1883 entreprise par le colonel Cordier. En effet, la période qui va des années 1880 aux années 1920 est marquée par la très progressive occupation militaire du Congo et sa pacification : Robert Cordier, le commandant du *Sagittaire*, dépêché par Pierre Savorgnan de Brazza pour empêcher la progression des Belges, signe un traité de paix avec les dignitaires vilis établis à Tchimbamba qui lui permet de s'établir sur le site du futur port de Pointe Noire.

La ville reste encore éclipsée par Loango qui est, jusqu'en 1920, le chef-lieu du Kouilou bien qu'elle devienne dès 1910 le chef-lieu du Moyen-Congo après que Brazzaville est devenue le siège du gouvernement général de l'ensemble de l'AEF.

C'est la décision de construire un port en eau profonde qui a poussé les administrateurs coloniaux à abandonner Loango au profit de Pointe

n'est alors peuplé que de 400 000 habitants en 1920, le Gouverneur Général de l'Afrique Equatoriale Française, Victor Augagneur, crée alors la circonscription du Chemin de fer Congo-Océan (CFCO) le 26 septembre 1921 avec chef-lieu Loudima tandis que Pointe-Noire devient pour la première fois un district à part entière et éclipse Loango.

En 1922, Victor Augagneur réaménage encore la division administrative du Moyen-Congo et le Kouilou redeviendra une région mais cette fois-ci avec Pointe Noire comme chef-lieu ; cela sonnera le glas de Loango qui tombera progressivement dans l'oubli.

Le premier lotissement de la ville se fait en septembre 1922 dans la zone du port mais le périmètre urbain ne sera délimité que par l'arrêté du Gouverneur Marchand, en date du 9 décembre 1925.

En 1923, est elle choisie pour être le terminus du Chemin de fer Congo-Océan (CFCO).

Le 28 décembre 1936, le Gouverneur général de l'AEF, Joseph-François Reste, élèvera Pointe-Noire au rang de commune mixte tout comme Port-Gentil. Pointe-Noire deviendra commune de plein exercice par la loi du 18 novembre 1955. Mais, auparavant, par le décret N° 50-276 du Président du Conseil des Ministres de la France Georges Bidault, en date du 28 février 1950, Pointe-Noire sera devenue le chef-lieu du territoire du Moyen-Congo.

À partir de 1949, et jusqu'au vote de l'Assemblée Territoriale du 28 novembre 1958, Pointe-Noire devient capitale du Moyen-Congo, en abritant le siège du gouverneur, du chef du territoire et de l'assemblée territoriale et des services administratifs.

En novembre 1958, à la suite de la loi-cadre de Gaston Defferre de 1956, le territoire du Moyen-Congo devient la République autonome du Congo, premier pas vers l'Indépendance qui est proclamée le 15 août 1960. À la suite de cette décision se tiennent les premières élections législatives qui voient, le 21 novembre 1959, à la suite d'événements que l'on peut qualifier de rocambolesques et de dramatiques en même temps, l'abbé Fulbert Youlou être élu premier ministre de la République du Congo, en battant Jean Félix-Tchicaya, le premier et unique député congolais à l'assemblée française dès 1946.

À la suite des incidents ayant émaillé les élections législatives, les députés de l'UDDIA, étant restés seuls dans la salle, décident du vote de l'acte constitutionnel, dans la même nuit, transfèrent sans débat et consultation la capitale du Congo à Brazzaville, lieu plus rassurant pour les vainqueurs de ces élections. Pointe-Noire cesse, de ce fait, d'être la capitale du Congo en 1959. Dès lors, si Pointe-Noire garde sa place de première ville économique du pays avec ses usines, son port, ses ateliers du Chemin de fer Congo-Océan (CFCO), elle perd son autonomie administrative, toutes les décisions en ce qui la concerne émanant désormais des autorités en place à Brazzaville.

Lorsque la ville devient subdivision ou district ou sous-préfecture en 1921, elle n'est pas encore une agglomération, car l'essentiel du trafic avec l'extérieur s'effectue via Loango, à une quinzaine de kilomètres de là. Pointe-Noire doit donc son implantation à la perspective de la construction du port et du Chemin de fer Congo-Océan (CFCO) ; en fait, ce n'est encore qu'un camp de chantier. Les travaux des chantiers du port et du Chemin de fer Congo-Océan (CFCO) viennent à peine de débuter. Il n'y a pas encore d'implantation définitive des populations, mais dès l'année 1923, on commence à penser à l'aménagement de la ville. C'est ainsi que dès 1924, Pointe-Noire est doté de son premier plan directeur de développement. Ce plan consacre la division en deux de la ville : la zone européenne et la zone indigène. Dans ce premier plan, seule la partie européenne a véritablement le visage d'une cité. La gestion foncière y est réglée par les dispositifs du décret du 8 février 1899 qui définit le domaine public au Congo français, ainsi que par le décret du 28 mars 1899 qui définit la propriété foncière au Congo français et qui dispose que « les terres vacantes et sans maître dans le Congo français appartiennent à l'État ». Le centre-ville est ainsi réservé aux Blancs tandis que l'administration ne s'occupe pas de ce qui se passait dans la cité indigène. En effet, dans le décret du 11 décembre 1920 modifiant le décret du 28 mars 1899 sur la propriété foncière, il est stipulé que « les biens appartenant aux indigènes [...] et ceux possédés par les collectivités sont régis par les coutumes et usages locaux pour tout ce qui concerne leur acquisition, leur conservation et leur transmission ». Alors qu'en centre-ville, l'obtention d'un terrain se fait soit par adjudication ou par cession de gré à gré entre l'administration et un privé, dans la cité indigène, tout se fait selon la coutume et jusqu'en 1950, on n'y parle pas de titre foncier. C'est à partir de 1950 qu'il est proposé aux Noirs de transformer en titres fonciers les terres détenues selon la coutume. Toute la partie du centre-ville actuelle étant une zone de marécages peu fertile, vide de populations (sauf le petit village Ndjindji), les colonisateurs français ont pris soin de ne pas entrer en conflit avec les autochtones. La division de la ville était justifiée, le développement de la partie européenne se faisait autour du port et du Chemin de fer Congo-Océan (CFCO) (avec la gare centrale), le développement des africains à partir des villages, notamment Tié-Tié, première gare du Chemin de fer Congo-Océan (CFCO) au kilomètre 6. En cette période, la ville se cherche encore, commençant son développement démographique. Au départ, avec les travailleurs des deux grands chantiers (le Chemin de fer Congo-Océan (CFCO) et le port), la population atteint 3 000 habitants en 1928. La population de la ville est passée de 2 000 habitants en 1930 à 22 000 en 1942, 54 600 en 1958, 140 367 en 1974 et à 500 000 en 1994. Le recensement de 2007 a affiché 711 128 habitants.

2.4. Hydrocarbures

L'activité pétrolière constitue toujours le secteur principal de l'économie ponténégrine. Elle emploie une forte quantité de main-d'œuvre et génère une forte activité de sous-traitance. Cette activité reste essentielle à Pointe-Noire et son développement sous poursuit, en particulier sous la houlette de Total qui représente plus de 50 % de la production pétrolière nationale et exploite dix des vingt-trois champs pétroliers offshore actifs au large des côtes du Congo. Ainsi, le projet Moho-Nord permet l'exploitation depuis 2015 de nouvelles réserves dans la concession Moho-Bilondo avec pour objectif 140 000 bep/j dès 2017.

Ces projets ont des effets d'entrainement sur les entreprises nationales congolaises ou étrangères implantées, en témoigne le grand projet Moho-Nord développé conjointement avec l'entreprise d'État qu'est la Société nationale des pétroles du Congo (SNPC) mais aussi Chevron Overseas Congo qui participent à hauteur de 46,5 % à elles deux. Les retombées économiques de ce secteur profitent à l'industrie de la ville qui s'est un peu diversifiée : production de gaz, textile, alimentation, chimie...

Toutefois, la Fédération internationale des ligues des droits de l'homme, une ONG partenaire de l'Organisation des Nations unies et du Conseil de l'Europe, appelle à relativiser l'impact économique de ces activités pétrolières pour les habitants de Djeno dans son rapport à charge intitulé

Gestion de la rente pétrolière au Congo Brazzaville : mal gouvernance et violations des droits de l'Homme.

Quoi qu'il en soit, la présence du port et du terminal pétrolier, l'essor des services, ainsi que la construction d'un aéroport international, ont fait de Pointe-Noire une cité de première importance pour le commerce africain et surtout pour l'économie nationale puisqu'elle assure 83 % des recettes budgétaires de la république du Congo. À l'inverse, depuis le début des années 1990, l'économie informelle, faite de multiples commerces et services, s'y est massivement développée en réponse au chômage qui touche les diplômés du système éducatif.

Cette activité n'est pas sans conséquences délétères sur l'environnement, la santé des habitants et sur l'agriculture :

En 2004, un accident s'était produit au village Tchinkanou (au sud de Pointe-Noire), provoquant le déversement important du brut dans la rivière Samba, principale source d'eau des populations. « Les habitants ne savaient pas quoi boire, et la catastrophe s'est propagée vers d'autres villages », témoigne à IPS, un originaire de Tchinkanou résidant à Pointe-Noire, connu sous le pseudonyme de Tchatcho Mbala.

En septembre 2012, une marée noire pollue les côtes « dans le silence le plus total. Piqué au vif, accusé de non-assistance à population en danger, le gouvernement sort enfin de sa léthargie récurrente 4 mois après les faits », sans doute sous la « pression des ONG internationales ».

2.5. **Armoiries**

D'or à la Pointe de sable accompagnée de deux rames d'argent, au manche de gueules, posées en chevron versé , la Pointe et les rames mouvant d'une mer d'azur ondée de trois flots d'argent . La devise des armoiries de la ville est : « Labor improbus omnia vinciti », en latin (ce qui signifie en français « Un travail opiniâtre vient à bout de tout »).

Armoirie de pointe noire

3. LIKOUALA

Superficie : 66044 Km2

Population : 159. 982 habitants

Chef-lieu : Impfondo

Districts : Impfondo, Epéna, Dongou, Bétou, Bouanéla, Enyellé, Liranga

Communautés urbaines : Impfondo, Dongou, Epéna, Enyellé, Bétou.

Le département de la Likouala, qui tient son nom du cours d'eau la Likouala aux Herbes, est essentiellement constitué de forêts denses inondées. Bordée au Sud par le département de la Cuvette, à l'Est par le département de la Sangha, au Nord-Est par le Cameroun, au Nord par la république Centrafricaine, la Likouala jouit, avec le fleuve Oubangui et le fleuve Congo, d'une frontière naturelle avec la RDC.

Le plus grand département du Congo compte sept districts. Territoire des Pygmées, il regrouperait jusqu'aux trois quarts de quelque 100.000 représentants de ce peuple autochtone. Le parc national de Nouabalé-Ndoki (à cheval avec le département de la Sangha) et la réserve communautaire du Lac Télé, notamment, font de ce département un des hauts lieux de préservation des espèces et de la biodiversité, ainsi qu'un vivier potentiel d'un tourisme vert encore inexploité.

4. SANGHA

Superficie : 55.800 Km2

Population : 89 002 habitants

Commune : Ouesso (Chef-lieu)

Districts : Mokéko, Sembé, Souanké, Pikounda, Ngbala

Sertie entre le Cameroun au Nord, la Likouala à l'Est, la Cuvette et la Cuvette-Ouest au Sud et le Gabon à l'Ouest, la Sangha, divisée en une commune et 5 districts, est le département ayant la plus faible densité de population du pays. Il est aussi un des grands territoires des pygmées. Très enclavée, la Sangha reste aujourd'hui plus commodément accessible par avion que par la route (Route Nationale 2). Elle bénéficie toutefois d'un bel axe fluvial de communication, à l'image de la rivière éponyme Sangha. Long de 1.278 Km, elle termine sa course dans le fleuve Congo.

Le département garde intacte la majeure partie de ses richesses naturelles et jouit d'un formidable potentiel de développement avec la présence de deux parcs nationaux (Nouabalé-Ndoki et Odzala-Kokoua) sur ses terres, la Sangha, qui abrite par ailleurs le plus haut sommet du pays, (le Mont Nabemba, plus de 1.000 mètres), dispose de puissants atouts pour miser sur l'écotourisme.

5. CUVETTE OUEST

Superficie : 26.000 Km2

Population : 73.000 habitants

Chef-lieu: Ewo

Districts : Ewo, Etoumbi, Kellé, Mbama, Mbomo, Okoyo

Encadrée au Nord par le département de la Sangha, à l'Est par celui de la Cuvette, au Sud par les Plateaux, la Cuvette Ouest marque à l'Ouest la frontière entre le Congo et le Gabon. La plus grande richesse du département reste incontestablement le parc national d'Odzala-Kokoua, fort de plus d'1,3 millions d'hectares, le plus important du pays. Une zone entièrement préservée où la nature intacte révèle toute sa beauté. Eléphants, buffles de forêts, lions, léopards, antilopes (dont les furtifs Bongos), mais aussi gorilles et chimpanzés, une faune aussi riche que la flore qu'il faut mériter, le déplacement se faisant essentiellement à pied ou en pirogue.

6. **CUVETTE**

Superficie : 48.250 Km2

Population : 161 983 habitants

Chef-lieu : Owando

Districts : Owando, Ntokou, Makoua, Ngoko, Boundji, Loukoléla, Oyo, Mossaka, Tchikapika

Logée entre les départements de la Cuvette-ouest (à l'Ouest), de la Sangha (au Nord), la Likouala et la RDC (à l'Est) et les Plateaux (au Sud), la Cuvette se divise en 9 distincts (cf ci-dessus). Makoua, situé exactement sur l'équateur, est à une encablure du parc national d'Odzala-Kokoua, quasiment encore à l'état sauvage. Riche d'un patrimoine culturel intact, les visiteurs pourront y découvrir un folklore tour à tout saisissant, comme la danse du guerrier ou la danse Kébé-Kébé, et authentique (contes et proverbes). Un fleuron département. La Cuvette est aussi le berceau de la production nationale de tcham, une boisson extraite d'un palmier raphia. Consommé dans tout le pays, ce breuvage, jadis l'apanage des chefs et des notables, joue un rôle symbolique important dans les grandes cérémonies coutumières et les contrats sociaux.Les pluies abondantes rendent possible le développement des forêts tropicales humides qui forment la partie centrale de la forêt du bassin du Congo, le deuxième massif forestier tropical au monde après l'Amazonie. Ces écosystèmes sont encore en grande partie intacts, mais peu documentés. On y trouve des bonobos , des éléphants de forêt et des gorilles. Parmi les peuples de la région, on compte les Mbochi[7], les Mongo, les Ngombe et les Batswa ou Baka.

7. PLATEAUX

Superficie : 38.400 Km2

Population : 181.235 habitants

Chef-lieu : Djambala

Districts : Djambala, Gamboma, Abala, Allembé, Lékana, Makotimpoko, Mbon, Mpouya, Ngo, Ollombo, Ongoni

Frontalier avec le Gabon et mitoyen de la Cuvette Ouest à l'Ouest, de la Cuvette au Nord, du Pool au sud et de la Lékoumou, le département des plateaux a pour voisin la RDC à l'Est. Il se découpe en onze districts (cf ci-dessus). Le département est composé de trois ensembles culminant entre 600 et 900 mètres d'altitude : les plateaux de Nsa et Ngo, celui de Djambala et le plateau Koukouya. De nombreux cours d'eau, d'Ogooué, la Léfini, la Nkéni, la Mpama ou encore l'Alima, y prennent leur source. Pas étonnant que la pèche y soit l'activité reine. Mais une nature très généreuse permet également à l'élevage, à l'agriculture et à la chasse de s'y épanouir paisiblement. La réserve de faune de la Léfini, à cheval entre les départements du Pool et des Plateaux, est l'une des plus importants du Congo. Elle bénéficie d'un riche écosystème et d'une très belle faune (éléphants, hippopotames, singes, buffles…). Située à quelques 140 kilomètres de Brazzaville, elle s'étale sur 630.000 ha et fait partie des nombreux circuits verts du pays. Elle s'affirme comme le symbole d'un écotourisme émergeant au

8. POOL

Superficie : 33 955 Km2

Population : 236.595 habitants

Communautés urbaines : Kinkala, Boko, Kindamba, Mindouli, Igné et Ngabé

Districts : Kinkala (chef-lieu), Boko, Mindouli, Kindamba, Goma Tsé-Tsé, Mayama, Mbanza-Ndounga, Ngabé, Loumo, Louingui, Vindza, Igné, Kimba.

Vision des départements de la Bouenza et de la Lékoumou à l'Est, des Plateaux au Nord, le Pool au fleuve Congo en partage avec la RDC tout le long de ses flancs Est et Sud. Le territoire administratif tire son nom du Pool Malebo. Le Pool est structuré en 13 districts (cf ci-dessus) et 6 communautés urbaines (cf ci-dessus). Il est, après le Kouilou, le département le plus urbanisé du pays, exception faite de Brazzaville et Pointe-Noire. Les fils des départements comptent dans leurs rangs deux des anciens Présidents du pays : l'Abbé Fulbert Youlou et Alphonse Massamba-Débat. Un atout touristique anecdotique comparé aux richesses dont le Pool fourmille. Que ce soit le musée aux fétiches de Nkankata, les chutes de la Loufoulakari et de Béla, l'Estuaire du Djoué, la réserve de faune de la Léfini, le sanctuaire de gorilles de lésio-Louna, le Lac Bleu, le Mont Kari-Kari ou encore le trou de Dieu de Nguéla, le département réserve bien des enchantements aux touristes de passage.

l'Ile Mbamou. Le Pool reste également un département historique très marqué, comme en témoignent la place Matsoua (un des grands pionniers et héros national de la lutte anticolonialiste) à Kinkala et sa tombe à Mayama. Il abrite également l'ancienne capitale Mbé du Royaume Batéké. Royaume qui, au temps de sa splendeur s'étalait sur quelques 85.000 Km déployés sur les deux actuels Congo. Mbé est à la genèse de la colonisation française du pays. En effet, c'est le Makoko de Mbé, Roi des Tékés, qui signa en 1880, une série de traités de protestorat avec un certain Pierre Savorgnan de Brazza.

9. BOUENZA

Superficie : 12.265 Km2

Population : 320 835 habitants

Chef-lieu : Madingou

Districts : Madingou, Nkayi, Loudima, Mouyondzi, Boko-Songho, Mfouati, Kingoué, Mabombo, Tsiaki, Yamba, Kayes, Bouansa.

La Bouenza est le plus petit département du Congo. Bordé par le Pool à l'Est, le Niari à l'Ouest, le Lékoumou au Nord, et la RDC au Sud, il compte 12 districts (cf ci-dessus).La Bouenza, qui tire son nom du cours d'eau éponyme, bénéficie de sois très riches, d'un fleuve (le Niari-Ndouo) et nombreux affluents qui nervurent le département (la Bouenza, la Loukoungni, la Mbouaboua, la Divouba, la Kénké, la Louango notamment). On comprendra aisément pourquoi il a gagné le surnom de <<grenier du Congo>>. Un département très favorable à l'agriculture, donc, qui fait presque oublier que son sous-sol regorge de minerais (cuivre, zinc, plomb) qui attendent encore d'être véritablement exploités. Les chutes de la Bouenza, le Trou du gendarme (cirque rocheux), les grottes de Nkayi-Ntari et Fwalwila (les plus importantes du pays), les lacs de Kimpambou-Kayes, les touristes ont l'embarras du choix. Ils pourront, par ailleurs, apprécier tout l'art de la poterie et de la céramique, une grande spécialité du département.

10. **LEKOUMOU**

Superficie : 20.950 Km2

Population : 100.061 habitants

Chef-lieu : Sibiti

Districts: Sibiti, Mayéyé, Komono, Bambama, Zanaga

Encadrée par les territoires du Niari à l'Ouest, de la Bouenza au Sud, du Gabon au Nord et des Plateaux et du Pool à l'Est, la Lékoumou, comme de nombreux département congolais tire son nom d'un fleuve. Elle est composée de cinq districts (cf ci-dessus). Le département, montagneux, avec son climat tropical humide, se prête ardemment aux activités agro-pastorales, mais aussi à l'agriculture (banane, café, manioc, arachide, palmier à huile). Son sous-sol regorge de fer. Et, à défaut d'avoir de l'or sous ses pieds la Lékoumou a mieux : elle serait une importante zone diamantifère. Mais sa plus grande richesse reste assurément l'or vert avec l'exploitation forestière des forets du Mayombe et du Chaillu; la principale activité économique du département. Les chutes et les ponts de liane sur l'Ogoouè, constituent, à eux seuls, de pittoresques et authentiques atouts pour le visiteur. L'Ogooué, le plus important fleuve du Gabon, qu'il traverse d'Est en Ouest, prend sa source au Congo, dans les Monts Ntalé (840 mètres d'altitude). Un château d'eau naturel qui donne naissance à deux autres cours d'eau (la Bouenza et la Lékéti).

L'agriculture vivrière, réalisée par des petits producteurs (manioc, arachide, tarots, banane plantain, courges, oseille, gingembre, huile de palme artisanale), et l'arboriculture (safoutiers, manguiers, bananiers) sont les principales activités agricoles. La filière bois est une activité importante. La Lékoumou renferme des gisements de fer, dont le plus important est celui de Zanaga. Son exploitation par un partenariat associant le sud-africain Zanaga Iron Ore Company et le groupe suisse Glencore Xstrata, est assujettie à la remontée des cours mondiaux du fer.

La région offre des richesses touristiques orientées vers la découverte du pays, de la forêt, des villages et de leurs produits. Un pont de liane, situé vers Bambama, près du village de Simonbondo, à la frontière gabonaise, est célèbre par le choix des matériaux naturels et leur assemblage, permettant de franchir 74 m. sans support intermédiaire.

11. NIARI

Superficie : 25 942 Km2

Population : 240 074 habitants

Deux communes urbaines : Dolisie (également chef-lieu) et Mossendjo.

Districts : Londela Kayes, Kimongo, Louvakou, Kibangou, Banda, Nyanga, Divenié, Moungoundou Nord, Mbinda, Mayoko, Moungoundou Sud, Yaya, Moutamba, Makabana.

Le département du Niari, qui tire son nom du fleuve, parage toutes ses frontières Nord et Ouest avec le Gabon. Au Sud-Ouest, il accueille le Kouilou comme voisin et au Sud-Est l'enclave angolaise du Cabinda et la RDC. Il est mitoyen de la Lékoumou au Nord-Est tandis que le Sud-Est jouxte la Bouenza. Un des fils du pays a eu l'honneur de la magistrature suprême: Pascal Lissouba. La ville de Dolisie bénéficie d'un bel emplacement géographique national et même sous régional. Elle est, en effet, au carrefour de la route reliant Brazzaville à Pointe-Noire et de celle reliant le Gabon au Cabinda. Un important lieu de transit, donc, qui peut compter, par ailleurs, sur deux lignes ferroviaires, celle de Mbinda/Mont-Belo et le chemin de Fer Congo Océan (qui relie les capitales économiques et administrative du Congo).

12. KOUILOU

Superficie : 13.650 Km2

Population : 91 955 habitants

Chef-lieu : Hinda

Districts : Hinda, Mvouti, Kakamoéka, Mzambi, Madingo-Kayes, Tchiamba, Nzassi.

En bordure de l'Océan Atlantique le département du Kouilou tire son nom du fleuve. Il est voisin du Gabon au Nord, du Niari à l'Est et de l'enclave angolaise du Cabinda au Sud. Ses habitants sont inégalement répartis sur un territoire découpé en six discrits (cf ci-dessus). Comme dans la Lékoumou et le Niari avec qui il partage les immenses forets du Mayombe et du Chaillu, le Kouilou affiche une industrie firestière florissante qui en fait un important pôle d'activité du département. Les essences prisées sont le limba et l'okoumé. Si ses terres, très fertiles sous un climat tropical humide, se montrent propices à l'agriculture, c'est son sous-sol qui recèle les vraies richesses du département (diamant, or, cuivre, zinc et le plomb, mais surtout potasse). Avec des réserves en chlorure de potassium estimées à 33 millions de tonnes, le Congo est en passe d'en devenir le premier producteur africain, le 13ème mondial. Le Kouilou, c'est aussi le cœur de l'ancien Royaume Loango. Point de passage des caravanes et de la traite négrière, il s'étendait du Sud du Gabon jusqu'au Cabinda et conduit son apogée au national Conkouati-Douli avec ses 504.950 hectares et les gorges de Diosso. Diosso dont l'ancien palais royal a été transformé en musée régional. Un lieu de ressources rares sur l'histoire de l'esclavage, notamment. Le Kouilou peut s'enorgueillir enfin de bénéficier à la fois de nombreuses plages et de non moins nombreux torrents, chutes et cascades.

La population du Kouilou est composée essentiellement de deux ethnies: les Vili, les Yombé ; chacune de ces ethnies parle une langue, le vili et le yombé.

La répartition des langues de la région du Kouilou coïncide à peu près avec le milieu naturel ; le yombé est parlé dans le Mayombe (montagnes), le tchivili est parlé sur le littoral (150 km de long et 50 de large). Les Lumbus du Kouilou sont venus de la contrée du Niari et ne sont pas originaires de la région du Kouilou.

Département de la république du Congo

VI. **Ethnie**

Ethnie	*Population*	*Pourcentage*	*Langue*	*Affiliation*
Kongo	1.488.000	32,4 %	Kituba	Bantoue
Tékés	572.000	12,4 %	Téké (et variété)	Bantoue
Yombé	517.000	11,2 %	Yombé	Bantoue
Soundi	183.000	3,9 %	Soundi	Bantoue
Mbochi	161.000	3,5 %	Mbochi	Bantoue
Lali	135.000	2,9 %	Lari	Bantoue
Ngala	135.000	2,9 %	Lingala	Bantoue
Ngbaka mabo	135.000	2,9 %	Ngbaka mabo	Bantoue
Kunyi	116.000	2,5 %	Kunyi	Bantoue
Sango	99.000	2,1 %	Sango	Bantoue
Dondo	94.000	2,0 %	Dondo	Bantoue
Bangi (Bobangi)	90.000	1,9 %	Bangi	Bantoue
Mbété	90.000	1,9 %	Mbété	Bantoue
Likouala	67.000	1,4 %	Likouala	Bantoue
Bembé	50.000	1,0 %	Bembé	Bantoue
Ngala	46.000	1,0 %	Bangala	Bantoue
Kuba	45.000	1,0 %	Likuba (kuba)	Bantoue
Boumoali	42.000	0,9 %	Boumoali	Bantoue
Mbuku	40.000	0,8 %	Mboko	Bantoue
Akwa	36.000	0,7 %	Akwa	Bantoue
Pygmée bayaka	31.000	0,6 %	Yaka	Bantoue
Lobala	23.000	0,5 %	Lobala	Bantoue
Kongo, Congo	21.000	0,4 %	Kongo	Bantoue
Mbamba	20.000	0,4 %	Mbama	Bantoue
Tsangi	20.000	0,4 %	Tsangi	Bantoue
Njebi	20.000	0,4 %	Njebi	Bantoue
Bomitaba	14.000	0,3 %	Bomitaba	Bantoue
Kota	14.000	0,3 %	Kota	Bantoue
Pouno	14.000	0,3 %	Pouno (Puru)	Bantoue

Monzombo	12.000	0,2 %	Monzombo	Nigéro-Congolaise
Mbanza	12.000	0,2 %	Banja	Nigéro-Congolaise
Bakwelé	12.000	0,2 %	Bekwel	Bantoue
Kako	11.000	0,2 %	Kako	Bantoue
Vili	11.000	0,2 %	Vili	Bantoue
Fang	10.000	0,2 %	Fang	Bantoue
Bongili	9.800	0,2 %	Bongili	Bantoue
Français	9.200	0,1 %	Français	Romane
Houssa	9.100	0,1 %	Haoussa	Tchadique
Wumbvu	9.000	0,1 %	Wumbvu	Bantoue
Autres	156.700	3,4 %	-	-
Total (2014)	4.579.800	100 %	-	-

Les langues les plus importantes du Congo appartiennent à la famille Bantoue : il s'agit Kituba (32,4 %), du téké et de ses nombreuses variétés (12,4 %) et du yombé (11,2 %), mais aucune de ces langues n'est majoritaire, sauf localement. Cependant, le pays compte deux langues véhiculaires : le Kituba, la « langue du chemin de fer », au sud et le lingala, la « langue du fleuve », au nord. Selon la constitution, ce sont aussi les deux langues nationales connues.

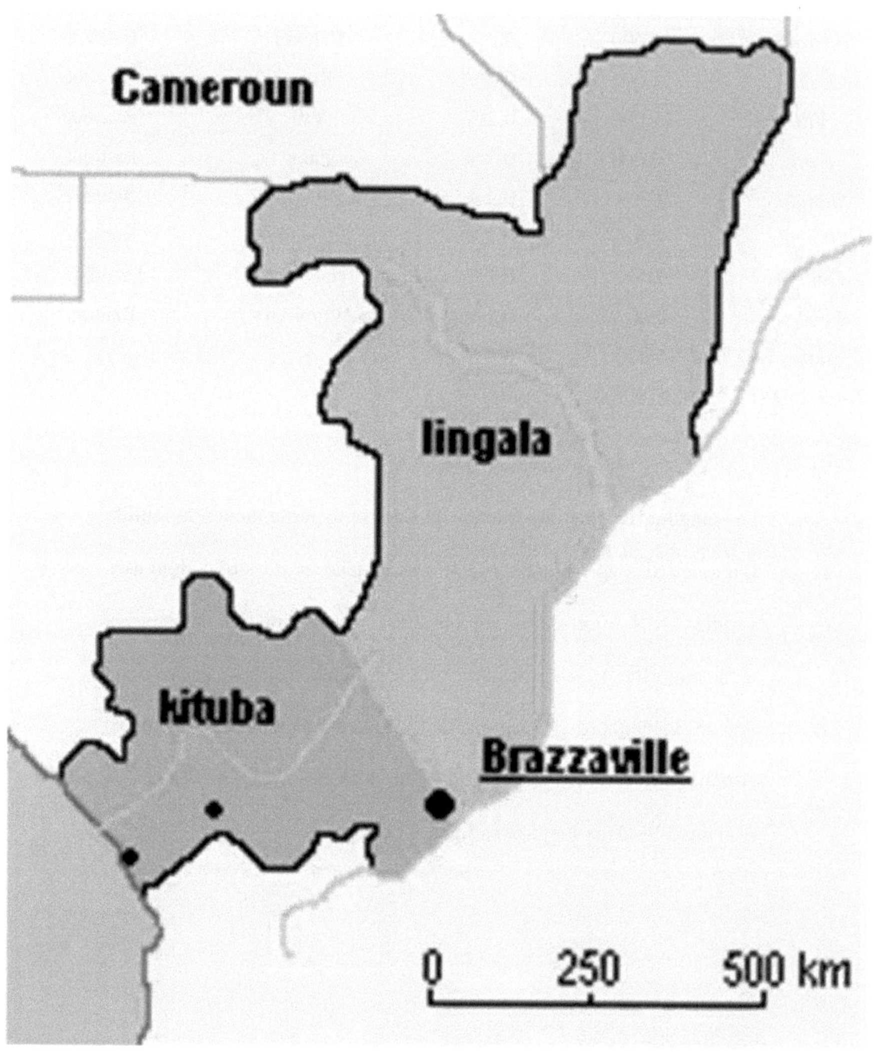

Répartition des langues nationales selon la constitution

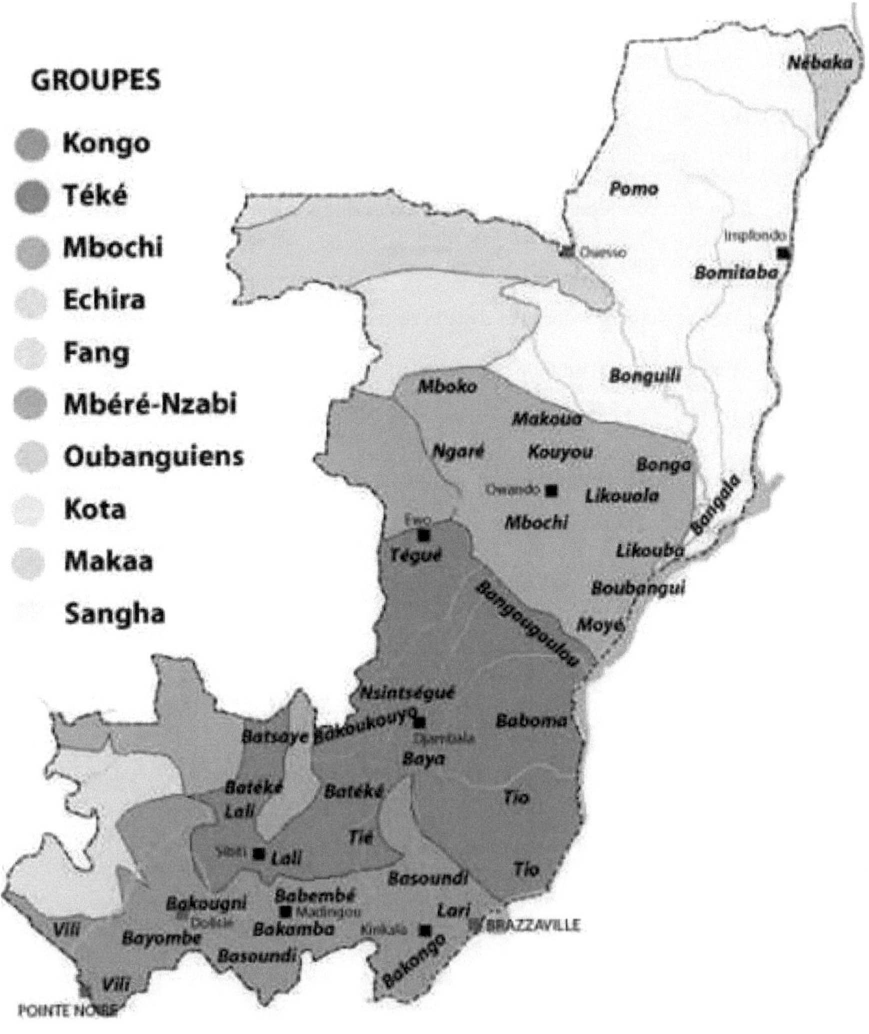

Répartition ethnique

VII. Rôle du citoyen dans le système démocratique

Le citoyen est celui qui jouit sur son territoire national, du droit de cité. Il est du peuple, détenteur de la souveraineté national : C'est un membre d'un état, considère u point de vue de ses droits envers la patrie et ses droits civiques.

C'est au vu de ses droits et dans le respect de ses devoirs que citoyen de naissance ou d'adoption participe à la vie démocratique de son pays en :

- ❖ Présentant sa candidature au scrutin de son choix au regard de la constitution, s'il se sent en mesure sa compétence et son expérience au service de l'unité, u travail et du progrès ;
- ❖ Prenant part aux votes pour le libre choix de ses représentants s'il est majeur ;
- ❖ Se formant au sein de son parti à travers les réunions, les séminaires, les ateliers ;
- ❖ S'informant et en informant les autres par l'ICEM ;
- ❖ Exprimant librement sa pensée, ses opinions dans les limites que lui impose la loi ;
- ❖ Se conformant aux lois de la république et aux principes démocratiques ;
- ❖ Œuvrant à la sauvegarde et au maintien de l'unité et de la paix.

Le citoyen artisan de la démocratie se doit donc préserver la liberté, l'égalité, l'ordre, le civisme, l'unité, la justice et la paix préalable à tout

VIII. **Devoir de voter**

Voter, c'est exprimer son opinion, son choix par suffrage lors d'une élection. Voter c'est participer à la vie d'un pays, chaque vote doit construire le Congo.

Dans un état démocratique, chaque citoyen participe à ce que l'on appelle la souveraineté nationale qui s'exerce par le droit de vote. Le vote est une des stratégies pour opérer un choix personnel.

❖ **Pourquoi voter** ?

Dans une république où l'autorité souveraine appartient au peuple, chacun à la devoir de participer par son vote à l'élection de ceux qui gouverneront le pays et perfectionneront ses lois.

S'abstenir de voter par indifférence ou paresse c'est renoncer à sa qualité de citoyen. Celui qui ne vote pas, se retranche lui-même de la communauté nationale, il perd moralement le droit de se déclarer Congolais.

S'abstenir de voter par système est encore bien pire car c'est nier l'ensemble des institutions, c'est combattre sa propre partie, c'est en quelques sorte trahir.

Voter, c'est répondre présent à l'appel de la république, ne pas voter c'est dire non à la mère patrie.

- **Comment voter** ?

Chacun doit voter selon sa conscience pour l'homme ou parti qu'il considère comme le plus sage et le plus utile au pays. L'électeur doit donc s'informer du programme des candidats et non pas seulement de leur personnalité. Le parfait citoyen pense avant de voter à l'intérêt du pays.

1. **L'obéissance aux lois**

- **Nécessité des lois**

Les lois sont l'ensemble des règles nécessaires et obligatoires auxquelles nul ne peut se soustraire ne se dérober.

Il s'agit des lois qui nous réagissent c'est-à-dire qui nous gouvernent. Un peuple qui n'aurait pas de lois ou qui mépriserait ses lois, sombrerait dans les pires désordres. Ce serait l'anarchie et le chaos.

- **Obéissance à la loi**

D'un homme sans aveu, d'un criminel impénitent, on dit qu'il est sans foi ni loi. On déclare hors la loi les individus dangereux pour l'humanité. Celui qui viole la loi mérite un juste châtiment car il porte atteinte à la conscience générale. Il n'est plus de son peuple, il choque ses citoyens, menace l'ordre établi par la majorité du pays. Un homme peut penser qu'une loi est mauvaise mais il a le devoir de s'y conformer comme les autres car la loi doit rester la loi.

Par contre, en tant que citoyen d'une république démocratique, il a le droit d'essayer de changer la loi par le moyen u droit de vote qu'il exerce librement lors des élections.

2. Droits et devoirs du citoyen

Tout citoyen a des droits, mais aussi des devoirs. Ces droits et devoirs doivent s'exercer ans la liberté et la responsabilité.

2.1.Droits du citoyen

Dans les démocraties, les citoyens bénéficient de droits et libertés fondamentaux. Il s'agit du droit d'élire leurs représentants mais aussi de la liberté de penser, d'exprimer des idées, de se réunir, de s'associer ou de manifester pour affiner leurs convictions. Tous ces droits sont définis par la déclaration des droits de l'homme et du citoyen de 1789 puis repris dans la déclaration universelle des droits de l'homme adoptée par l'ONU en 1948. Au Congo ils sont garantis par la constitution.

Du point de vue légal, la constitution de 2002 adoptée par le peuple congolais par voie référendaire fait une large place dans ses dispositions à la notion de citoyenneté. Nous reproduisons certains articles relatifs aux droits et libertés fondamentaux :

- La personne humaine est sacrée et droit à la vie. L'état à l'obligation absolue la respecter et de la partager. Chaque citoyen à le droit au libre développement et au plein épanouissement de sa personne dans le respect des droits d'autrui, de l'ordre public, de la morale et des bonnes mœurs (art.7) ;

- Tous les citoyens sont égaux devant la loi. Est interdite toute discrimination fondée sur l'origine, la situation sociale ou matérielle, l'appartenance raciale, ethnique ou départementale, le sexe, l'instruction, la langue, la religion, la philosophie ou le lieu de résidence. La femme à les mêmes droits que l'homme. La loi garanti et assure sa promotion et sa représentativité à toutes les fonctions politiques, électives et administratives (art.8) ;

- Tout citoyen à le droit, en tout lieu, à la reconnaissance de sa personnalité juridique (art.12) ;

- La liberté de croyance et la liberté de conscience sont inviolables. L'usage de la religion, à des fins politiques est prohibé. Toutes manifestations de manipulation et d'embrigadement des conscients, de sujétions de toutes natures imposées pat tout fanatisme religieux, philosophique, politique et sectaire sont punies par la loi (art.18) ;

- L'état à l'obligation d'assister la famille, dans sa mission de gardienne de la morale et des valeurs compatibles avec l'ordre républicain. Les droits de la mère et de l'enfant sont garantis (art.31) ;

- Tout enfant sans discrimination de quelque forme que ce soit, à droit de la part e sa famille, de la société et de l'état, aux mesures de protection qu'exige sa condition (art.33) ;

- L'état doit protéger les enfants et les adolescents contre l'exploitation économique ou sociale. Le travail des enfants de moins de seize ans est interdit (art.34). A la qualité du citoyen se rattache le devoir civique. Tout droit est contre balancé par le devoir correspondant.

2.2. Devoirs du citoyen

Le devoir civique est l'ensemble des obligations du citoyen dans l'ordre moral, politique, social et économique vis-à-vis de l'état et de la partie. Aussi, nous vous présentons les devoirs du citoyen extraits de la constitution de janvier 2002 :

- ❖ Tout citoyen à des devoirs envers la famille, la société, l'état et les autres collectivités légalement reconnues (art.43) ;

- ❖ Tout citoyen à le devoir de respecter ses semblables sans discriminations, d'entretenir avec eux des relations qui permettent de promouvoir et de renforcer la tolérance réciproque. Il est tenu de préserver les valeurs culturelles nationales dans un esprit de dialogue et de concertation, de contribuer au renforcement de la cohésion et de la solidarité nationale (art.44) ;

- ❖ Tout citoyen doit préserver la paix, l'indépendance nationale l'intégrité territoriale et contribuer à la défense du pays. La trahison, l'espionnage au profit d'une puissance étrangère, le passage à l'ennemi en temps de guerre, ainsi que toute autre forme d'atteinte à la sureté de l'état, sont réprimés par la loi (art.45) ;

- Tous les citoyens ont le devoir de travailler pour le bien commun, de remplir toutes leurs obligations civiques et professionnelles et de s'acquitter de leurs contributions fiscales, dans les conditions déterminés par la loi. Ils ont le devoir de travailler dans la mesure de leurs capacités et de leurs possibilités (art.46) ;

- Les biens publics sont sacrés et inaliénables, Tout citoyen doit les respecter scrupuleusement et les protéger. La loi fixe les conditions d'aliénation des biens publics dans l'intérêt général. Tout acte de sabotage, de vandalisme, de corruption, d'enrichissement illicite, de concussion, de détournement ou de dilapidation des derniers publics, est réprimé dans les conditions prévues par la loi (art.47) ;

- Tout citoyen, élu ou nommé à une haute fonction publique, est tenue de déclarer son patrimoine lors de sa prise de fonctions et à la cessation de celles-ci, conformément à la loi. L'inobservation de cette obligation entraine la déchéance des fonctions dans les conditions fixées par la loi (art.48) ;

- Tout citoyen, chargé d'une fonction publique ou élu à une fonction publique, a le devoir e l'accomplir avec conscience et sans discrimination (art.49) ;

- Tout citoyen à le devoir de se conformer à la constitution, aux lois et règlements de la république et de s'acquitter de ses obligations envers l'état

IX. République du Congo dans le cadre régional

A l'aube d troisième millénaire, le Congo est non seulement un membre actif des institutions essentiels de l'Afrique de demain, mais aussi un partisan de l'intégration sous régionale et régional.

Outre l'importance qu'il attache à l'union Africaine (U.A) dont il fait partie, le Congo est membre de la zone franc qui lie les pays membres par es convertibilités des monnaies.

Le Congo est aussi membre actif de la communauté économique et monétaire de l'Afrique central en sigle CEMAC. Ce dernier a pris la suite de l'UDEAC qui elle-même avait pris la suite de l'UDE. Mais le progrès d'intégration est très lent par rapport à l'Afrique de l'ouest qui a déjà la carte de la CEDEAO (communauté économique des états de l'Afrique de l'ouest).

Le Congo appartient enfin avec le Buruni, le Cameroun le Gabon ; la Guinée Equatoriale, la République Centrafricaine, le Rwanda, Sao-Tomé et principe, le Tchad, la République Démocratique du Congo à la communauté économique des états d'Afrique Centrale (C.E.E.A.C).

X. Institutions de la république

1. Présidence de la république

Le président de la république est le chef de l'état. A ce titre, il incarne l'unité nationale et il veille au respect de la constitution et des accords internationaux. L'élection du président de la république est acquise à la majorité absolue au premier tour. Si celle-ci n'est pas obtenue, l'élection est acquise à la majorité relative au second tour qui se déroule quinze jours après la proclamation des résultats du premier scrutin.

Par majorité absolue, il faut atteindre, au moins la moitié des suffrages exprimés plus un, et par majorité relative, le nombre de suffrage le plus élevés.

Le président de la république préside le conseil des ministres, il est le chef des armées, il a le droit de faire grâce, il nomme aux hautes fonctions civiles et militaires.

En conseil des ministres, le président de la république :

- ❖ Détermine la politique de la nation ;
- ❖ Arrête les projets de lois ;
- ❖ Exerce le pouvoir règlementaire (décrets) ;
- ❖ Peut prendre des ordonnances pour l'exécution du programme du gouvernement ;
- ❖ Peut proclamer lorsque les circonstances l'exigent l'état d'urgence et l'état de siège.

Le président de la république promulgue les lois définitivement adoptées par l'assemblé national. Il peut soumettre au referendum, tout texte qui lui parait exiger la consultation du peuple.

Il promulgue le texte adopté dans les mêmes conditions qu'une loi. Le président de la république accrédité les ambassadeurs extraordinaires auprès des puissances étrangères, les ambassadeurs et envoyés extraordinaires étrangers sont accrédités auprès de lui.

2. Le parlement

Le parlement est composé de deux chambres :

- L'assemblée nationale ;
- Senat.

2.1. Assemblée nationale

Le pouvoir de faire les lois appartient au peuple qui délègue ses droits à ses représentants qui portent le titre de député.

Les députés sont élus au suffrage universel direct et secret. Chaque député est le représentant de la nation toute entière et tout mandat impératif est nul. La durée de leur mandat est de cinq ans, ils sont rééligibles.

2.2. Senat

Les membres du sénat portent le titre su sénateur. Ils sont élus au suffrage indirect par les conseils les conseils des collectivités locales.

Ils représentent les collectivités territoriales de la république. Le Senat exerce, outre sa fonction législative, celle de modérateur et de conseil de la nation. La durée du mandat des sénateurs est de six ans. Le sénat est renouvelable tous les trois ans, de moitié, par tirage au sort.

3. **Gouvernement**

Le pouvoir exécutifs est exercé par le gouvernement. Le chef du gouvernement :

- ❖ Dirige, anime et coordonne l'action gouvernementale ;
- ❖ Préside le conseil des ministres.

Le chef du gouvernement nomme les ministres et met fin à leurs fonctions. Les ministres ont droit au respect et à la considération des citoyens.

4. Relations entre le parlement et le gouvernement

L'assemblée nationale peut demander des comptes au gouvernement. Les moyens d'information et de contrôle de l'assemblée nationale sur l'action gouvernementale sont :

- ❖ L'interpellation ;
- ❖ Les questions écrites ;
- ❖ Les questions orales ;
- ❖ Les commissions d'enquête ou de contrôle ;
- ❖ L'audition en commission.

4.1. L'interpellation

Le député qui désire interpeller le gouvernement en informer le président de l'assemblée nationale au cours d'une séance publique. Dans la discussion, l'auteur de l'interpellation a la parole par priorité. Il répond en dernier aux orateurs qui sont intervenus.

4.2. **Questions écrites**

Elles sont rédigées, notifiées et publiés durant les sessions ou hors session au journal officiel. En outre, elles ne doivent contenir aucune imputation d'ordre personnel à l'égard des tiers nommément désignés. Les réponses des ministres doivent être publiées dans le mois suivant la publication des questions. Toute question écrite qui n'obtient pas de réponse dans les délais prévus ci-dessus est convertie en question orale si son auteur le demande.

4.3. **Questions orales**

Avec ou sans débat posées par les députées sont transmises au président de l'assemblée nationale qui les communique au gouvernement. Elles sont publiées durant les sessions ou hors session au journal officiel. Ne peuvent être inscrites à l'ordre du jour des séances que des questions orales déposées deux jours au moins avant cette séance.

L'inscription des questions orales à l'ordre du jour de cette séance est décidée par le bureau de l'assemblée nationale. La question orale avec débat est rappelée par le président qui fixe le temps de parole imparti à son auteur, entre dix minutes et vingt minutes maximum.

Le ministre compètent y répond, après sa réponse, le président organise d'eux pour le temps de parole qui lui est imparti. L'auteur de la question a priorité d'intervention pour dix minutes au plus.

La question orale sans débat est exposée sommairement par son auteur pendant une durée de deux minutes. Le ministre compètent y répond. L'auteur de la question dispose ensuite de la parole pendant cinq minutes. Le ministre peut répliquer, aucune autre intervention ne peut avoir lieu. Lorsque l'auteur de la question orale avec ou sans débat ne peut assister à la séance, il peut se faire suppléer par l'un de ses collègues. A défaut, sa question est rayée du rôle. Lorsqu'un ministre intéressé est absent, la question est reportée d'office en tête de son rôle à la séance suivante réservée aux questions orales sur décision du bureau de l'assemblée.

4.4. Commission d'enquête ou de contrôle

L'assemblée nationale peut constituer, sur vote d'une proposition de résolution, des commissions d'enquêtes ou de contrôle qui doivent examiner la gestion des services ou d'entreprises publiques. Elles ne peuvent comprendre a plus que onze députés.

Des commissions d'enquêtes parlementaires peuvent être constituées pendant les intercessions sur l'initiative du bureau de l'assemblée. Le dépôt de ce rapport est publié au journal officiel et annoncé à

4.5. L'audition en commission

L'audition en commission est assurée par les commissions permanentes. Elle permet à l'assemblé d'exercer son contrôle sur la politique du gouvernement. Outre ces instituions citées, il y'a les autres organes de fonctionnement des intuitions : la cour constitutionnelle, la haute cour de justice, le conseil économique et social, le conseil supérieur de la liberté de communication, le médiateur de la république, la commission nationale des droits de l'homme.

XI. Option politique

Depuis la conférence nationale souveraine intervenue après la révolution, le Congo a renoué avec la voie de la démocratie qui a été troublée par les guerres à répétition de 1993, 1997 et 1998. Les élections de 2002 ont relancé les intentions de tous sur la démocratie qui a donné naissance aux institutions de ma république.

1. Le multipartisme et le rôle des partis politiques

1.1. Parti politique

Un parti politique ou groupement politique est une organisation dont les membres unis pour des intérêts communs, mené une action commune à des fins politiques. Les partis politiques et groupement politiques concourent à l'expression du suffrage.

Ils se forment et exercent leurs activités librement à condition de respecter les principes de la souveraineté nationale, de la démocratie et les lois de la république.

Un parti politique peut être de gauche ou de droite et même au centre. Il est dit de gauche lorsqu'il entend faire prévaloir l'intérêt. Le bien général, sur les intérêts particuliers. Pour un parti de gauche, par exemple, les moyens de production appartiennent à des collectivités et non à des individus privés. Par contre un parti est qualifié de droit quand il soutient le libéralisme économique, la propriété privée. D'après les partis de droite, à chacun selon ses moyens et son travail. Les partis du centre sont quant à eux des partis modérés.

Il y'a les partis d'extrême-droite, la droite libérale, les partis socialistes, les partis sociaux-démocrates, les partis communistes, les partis d'extrême gauche, les écologistes...

Un pari peut être aussi de l'opposition. C'est le cas des parts qui ne sont pas au pouvoir et qui luttent pour le conquérir. Cette lutte pour le pouvoir, ne doit pas etre une lutte armée. Elle doit se faire sur la base des idées.

1.2.**Multipartisme**

Après une éclipse de juillet 1964 à septembre 1990. C'est à la faveur de la lutte pour la tenue de la conférence souveraine que le multipartisme a été réinstauré au Congo avec l'apparition des partis tels que :

- ❖ L'U.P.A.D.S (Union Panafricaine pour Développement Social) ;
- ❖ R.D.D (Rassemblement pour la démocratie et le développement) ;
- ❖ M.C.D.D.I (Mouvement Congolais pour la Démocratie et le Développement Intégral) ;
- ❖ R.D.P.S (Rassemblement pour la Démocratie et le Développement Social) ;

- U.D.R-MWINDA (Union pour la Démocratie et la République)... qui vont s'ajouter au Parti Congolais du Travail (P.C.T), parti unique.

Aujourd'hui, l'on compte de nombreux partis politiques sur le territoire national. Cette existence de plusieurs partis politiques a donné lieu à une ère nouvelle, celle du multipartisme caractérisé par :

1.2.1. Pluralisme politique

L'on assiste en effet à plusieurs mouvements, organisations associations à caractère politique et même de tendances diverses.

1.2.2. Pluralité de visions

Tous les partis politiques sont animés par un ensemble d'idées à valoriser, à appliquer suivant les moyens et des méthodes qui varient d'un parti à l'autre.

1.2.3. Liberté d'opinion et d'expression

L'état reconnait et garanti, dans les conditions fixées par la loi, la liberté d'aller et de venir, d'association, de réunion, de cortège et de manifestation. La diversité de journaux de presse, de chaines et de radios et de télévisons témoignent de cette forme de liberté.

1.2.4. L'instauration d'un mouvement d'opposition

Les partis qui ne sont pas au pouvoir peuvent constituer les partis d'opposition prêts à s'élever contre l'injustice sociale et les abus de pouvoir, par le dialogue et non par les armes. Le multipartisme a donné une nouvelle configuration au paysage politique du Congo et doit permettre l'ouverture des débats démocratiques libres et contradictoires.

2. Rôles des partis politiques

Des hommes et des femmes peuvent adhérer librement aux paris de leurs choix. Le rôle des partis politiques est immense et délicat. Il n'est pas toujours bien compris par les militants et les dirigeants. D'une part, ils doivent contribuer à l'émergence d'une culture démocratique en sensibilisant en informant et en éduquant les populations les moins préparées au nouveau contexte socio-politique. C'est par une communication soutenue et des échanges permanents que s'opèrent les changements de mentalités et de comportement. D'autre part, les partis ont la charge de contribuer au développement économique et social du peuple, en participant aux débats politiques, en proposant des initiatives nouvelles susceptibles d'améliorer les conditions de vie des populations.

En fin, les partis concurrent à l'expression des suffrages et représentent l'espoir de ceux qui ont placé en eux leur confiance. Ce qui implique l'instauration du débat libre au sein des partis.

XII. **Histoire contemporaine**

L'histoire de la colonisation du Congo se confond d'abord avec celle des explorations de pierre Savorgnan de Brazza, après avoir l'Ogooué, puis l'Alima, Brazza, après avoir fondé le poste de Franceville, pénètre par la Léfini jusqu'au fleuve Congo et atteint M'Bé, capitale de roi Makoko, chef politique et religieux des Batéké. Les deux hommes signent un traité d'amitié le 10 septembre 1880. C'est à cette date que commence véritablement l'époque coloniale pour le territoire qui, quatre-vingts ans plus tard, constituera la République du Congo-Brazzaville. Après avoir confié au sergent Malamine, que sa rencontre avec Stanley rendra à jamais célèbre, la station de N'Kouma qu'il vient de créer, Brazza se dirige vers l'océan par le bassin du Niari. Mais c'est un autre marin, le lieutenant de vaisseau Cordier, qui reconnaitra la région du Kouilou-Niari en 1883 et négociera un traité établissant la souveraineté de Loango avec le Ma-Loango principal chef des Vili.

PIERRE SAVORGNAN DE BRAZZA

ROI MAKOKO

SERGENT MALAMINE

ROI MALOANGO

Printed by Books on Demand GmbH, Norderstedt / Germany